AF586941

NOTICE

SUR

TSCHÉLÉBI HADGI PÉTRAKI,

ANCIEN PRIMAT

DU DISTRICT DE CYTHÉRÉE DANS L'ILE DE CHYPRE,

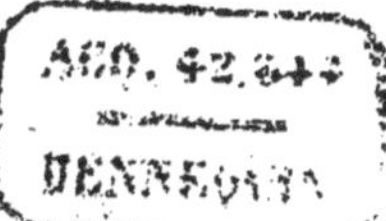

PAR

G. SILBERMANN,

AVOCAT, MEMBRE DE LA SOCIÉTÉ DES SCIENCES, ARTS ET AGRICULTURE DE STRASBOURG ET CORRESPONDANT DE L'ACADÉMIE PROVINCIALE A LYON.

STRASBOURG,

DE L'IMPRIMERIE DE Mme Ve SILBERMANN, PLACE St-THOMAS No 3.

1827.

NOTICE

SUR

TSCHÉLÉBI HADGI PÉTRAKI,

ANCIEN PRIMAT

DU DISTRICT DE CYTHÉRÉE DANS L'ILE DE CHYPRE.

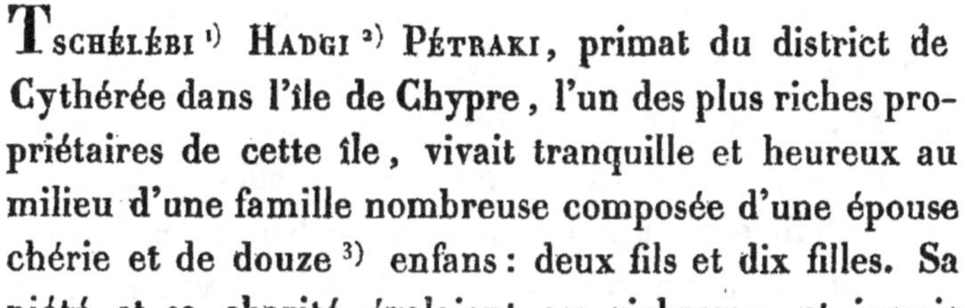

Tschélébi [1]) Hadgi [2]) Pétraki, primat du district de Cythérée dans l'île de Chypre, l'un des plus riches propriétaires de cette île, vivait tranquille et heureux au milieu d'une famille nombreuse composée d'une épouse chérie et de douze [3]) enfans: deux fils et dix filles. Sa piété et sa charité égalaient ses richesses, et jamais un malheureux, un étranger voyageant au Levant, ne frappait en vain à sa porte; l'hospitalité était exercée

1) Tschélébi, titre honorifique qui équivaut à Seigneur.

2) Hadgi, vénérable, titre distinctif donné à tout Grec qui a visité Jérusalem.

3) Voyez pièce justificative, Nos 1 et 3.

par lui avec cet abandon et cette noblesse qui caractérisaient les anciens patriarches [1].

Tout à coup, le 9 juillet 1821, les primats de l'île de Chypre furent sommés de se rendre à la forteresse de Leukosie, sous le prétexte qu'un firman du Grand-Seigneur devait leur être communiqué. A peine seize d'entre eux s'y furent-ils rendus, qu'on les égorgea! Hadgi Pétraki, instruit de la manière barbare dont avaient été traités ses collègues, ne déféra pas aux ordres qui lui avaient été donnés; mais, le lendemain, il reçut une nouvelle injonction plus pressante, de la part du gouverneur de l'île (*Mouchassile*), qui résidait dans la forteresse de Leukosie, de se rendre sur-le-champ auprès de lui avec l'archevêque Kyprianos (Cyprien). Il céda enfin à la nécessité, espérant du reste qu'il serait à l'abri de toute insulte, sous la protection du caractère sacré du vénérable patriarche Kyprianos.

Dès que Hadgi Pétraki fut entré dans la forteresse, dont les portes étaient surveillées par de nombreuses gardes, il se rendit auprès du gouverneur; celui-ci exigea de lui qu'il fît un don de plusieurs milliers de pieds d'oliviers à une mosquée nouvellement construite près du palais du gouverneur. M. Pétraki voyant bien que cette demande n'était que le prélude des maux qui l'attendaient, qu'on voulait d'abord s'emparer de ses richesses avant que de le livrer au bourreau; enfin que ce prétendu firman du Grand-Seigneur n'était qu'un prétexte pour l'attirer dans le piége; craignant d'ailleurs qu'un refus de sa part ne fît que hâter son supplice,

[1]) Voyez pièce justificative, N° 3.

il feignit d'entrer dans les vues du gouverneur, et sollicita seulement la grâce d'en conférer avec l'archevêque, ce qui lui fut accordé. Il n'y avait dès-lors plus que la fuite qui pût sauver M. Pétraki de sa perte [1]; il en avait conçu le projet; mais comment l'exécuter, toutes les portes étant occupées par des gardes? Il se dirigea néanmoins vers l'une d'elles, mais ce fut en vain, les ordres les plus formels ayant été donnés de ne plus laisser échapper aucune des victimes vouées à la fureur musulmane. Il gagna donc aussitôt le palais archi-épiscopal, se présenta à l'archevêque et lui exposa que des affaires pressantes l'obligeaient à rejoindre sa famille, en le suppliant de le faire accompagner des deux janissaires accordés aux archevêques comme sauve-garde. Ce vertueux prélat consentit à sa demande, et M. Pétraki se hâta de se rendre à une autre porte de la forteresse, où, grâce aux satellites qui le suivaient, il eut le bonheur d'obtenir la permission de sortir.

Cependant M. Pétraki eut tout au plus le tems de revenir chez lui, de se jeter dans les bras d'une tendre épouse, et de recevoir les caresses de ses enfans, qui ne pouvaient trop se réjouir de voir leur père échappé des mains des farouches Osmanlis. Bientôt il fut averti que son évasion avait excité toute la colère du gouverneur, et qu'il avait ordonné qu'on le poursuivît: il fallut fuir de nouveau. Déjà les sbires entraient dans sa maison: il n'eut que le tems de se jeter par une fenêtre, de gagner une voiture qui l'attendait à quelques pas de chez lui, et de se réfugier à Larnaka, lieu de rési-

[1] Voyez pièce justificative, N° 2.

dence des consuls européens. Là, il se retira chez le consul anglais, où il fut reçu avec la plus noble hospitalité. Sa situation était critique; tant qu'il restait en Chypre, ses jours étaient exposés: il songea à la retraite, confiant à la cupidité des Turcs le salut de sa femme et de ses enfans.

L'épouse du consul anglais et celle du consul autrichien, touchées des malheurs de M. Pétraki, s'intéressèrent en sa faveur: elles lui facilitèrent avec générosité les moyens de s'embarquer sur un vaisseau européen qui partait pour Marseille. Il débarqua dans cette ville, où il vécut quelque tems, grâce aux secours de plusieurs personnes charitables et des autorités françaises.

Le gouverneur de Chypre, en apprenant que sa victime lui avait échappé, se livra à la fureur: sa vengeance devait être éclatante; il ordonna qu'on s'emparât de toutes les richesses de M. Pétraki, qu'on se saisît de sa femme et de ses enfans, et qu'on les trainât comme ôtages à la forteresse, où il les condamna à faire le pain pour sa maison. Ces travaux, quelques durs qu'ils fussent pour une femme et des enfans accoutumés à toutes les commodités et à toutes les douceurs de la vie, habitués à l'abondance et aux recherches du luxe oriental, furent cependant supportés par eux sans murmure; car au moins la barbarie avait oublié de séparer la mère de ses enfans: c'est un oubli qu'elle réparera peut-être par la suite, si la charité européenne ne la prévient pas, en arrachant à la misère et aux tourmens cette malheureuse famille.

Dès que M. Pétraki fut instruit de la position de sa femme et de ses enfans, il forma la résolution généreuse, qui ne pouvait naître à son grand âge que dans le cœur d'un père, de parcourir l'Europe et de subir les humiliations de la mendicité pour racheter le sang de ses enfans.

Ce noble dévouement a déjà été couronné d'un commencement de succès; car à Bordeaux il est parvenu à réunir une somme de 5,000 fr., qu'il a adressée aussitôt au consul anglais.

Un assez grand laps de tems s'écoula ensuite sans que M. Pétraki pût obtenir plus qu'il ne lui fallait pour son propre entretien, et ceci s'explique facilement; car depuis le commencement de la guerre de l'indépendance grecque, combien de fourbes et d'aventuriers n'ont-ils pas profité de la pitié générale qu'excitent les infortunés et courageux Hellènes, pour arracher à la générosité, sous le prétexte de malheurs imaginaires, des sommes souvent considérables! Combien de personnes bienfaisantes n'ont elles pas été trompées ainsi! J'ose le dire, quel est le citoyen qui n'a déjà donné à de pareils aventuriers, et qui n'a appris plus tard qu'il avait été trompé? On conçoit dès-lors que le zèle se soit refroidi, et que l'on exige aujourd'hui des preuves bien positives pour exercer la bienfaisance.

C'est dans cette situation que M. Pétraki arriva de Paris à Strasbourg et me présenta des lettres de recommandation de quelques-uns de mes amis. Il avait auprès de lui un jeune homme qui se disait de Smyrne, et qui lui servait d'interprête. La première idée qui me vint en voyant les papiers authentiques et les pièces justificatives dont M. Pétraki est porteur, fut d'ouvrir une souscription en sa faveur, de tâcher de réunir une somme de quelques cents francs et de lui en abandonner l'emploi. Cependant un de mes amis avec lequel je m'entretenais des malheurs inouis de ce vieillard, me donna l'idée d'étendre mon projet et de faire un appel à mes concitoyens, dans le but de délivrer un de ses enfans, de le faire venir à Strasbourg et de soigner son éducation. Frappé des nombreuses difficultés que j'aurais à vaincre, et tout en tremblant de me charger d'une tâche aussi forte, je souris à cette extension de ce projet, et je commençai de suite à travailler à son exécution, après en avoir cependant conféré avec M. Pétraki, qui m'en témoigna toute sa gratitude et me donna aussitôt la procuration suivante [1]:

»Je soussigné, Hadgi Pétraki Kythérios, j'ai au»torisé Monsieur l'avocat G. Silbermann, de Stras»bourg, de racheter mon fils, *Christodhulis*, âgé de »15 ans, qui se trouve en esclavage entre les mains »des barbares Turcs à Chypre, que je m'engage de »le confier entre ses mains, pour avoir été son libéra»teur; en foi de quoi j'ai soussigné en présence de »Monsieur Paul Missir, de Smyrne, témoin occulaire.

»Strasbourg, le $\frac{18}{6}$ mars 1827.

»Paul Missir. Hadgi Pétraki Kythérios.«

[1]) Je donne le texte de cette procuration, telle qu'elle a été écrite par M. Paul Missir.

Ma première condition fut néanmoins, que toutes les sommes que je percevrais seraient déposées dans une maison de banque de Strasbourg, pour être employées ensuite à la délivrance de l'un de ses fils [1]). M. Pétraki souscrivit avec joie à cette condition, et dès-lors je me mis à l'œuvre. Je préparai à la hâte des listes de souscription, précédées d'un petit préambule sur les malheurs de M. Pétraki, et donnant une courte explication de mon projet; j'ouvris sur ces listes deux colonnes : l'une, destinée aux dons à payer de suite pour la délivrance du jeune *Christodhulis*, l'autre, devant recevoir les dons annuels qu'on offrirait pour subvenir aux charges de l'entretien et de l'éducation du jeune Grec, en prévenant, toutefois, que ces derniers dons ne seraient perçus que dans le cas où *Christodhulis* arriverait à Strasbourg, et à dater du jour de son arrivée. Je distribuai partout ces listes : j'en confiai à ceux de mes amis qui voulurent bien s'en charger, j'en déposai dans tous les endroits publics où j'espérai obtenir quelque résultat favorable [2]). Enfin j'imaginai tous les moyens d'augmenter la somme destinée à cet acte de bienfaisance; et, je m'empresse de le déclarer ici publiquement, je trouvai partout les plus grands encouragemens, la

[1]) Je crus cette condition nécessaire pour donner plus de confiance à cette entreprise, espérant d'en assurer le succès en annonçant que les fonds ne resteraient pas entre les mains de M. Pétraki, que quelques personnes auraient encore pu croire un aventurier, malgré les garanties qu'offraient ses papiers : je me suis aperçu que cette précaution n'avait pas été sans influence sur la souscription.

[2]) On trouvera à la fin de cet écrit le détail de ces listes.

plus noble émulation parmi les personnes qui voulurent bien me seconder, malgré les appels réitérés qui avaient été faits depuis peu à la générosité des Strasbourgeois, et malgré les nombreux sacrifices qu'ils avaient déjà faits pour la cause des Grecs [1]).

Je dois ici citer en première ligne M. Berg, professeur de musique en cette ville, dont la bienfaisance ne connaît pas de bornes, et qui déjà s'est acquis la reconnaissance de tous les amis des Grecs, en donnant, l'année dernière, deux concerts au profit des défenseurs de la Croix, malgré les obstacles presque invincibles qui s'opposaient à une pareille entreprise, mais que son zèle infatiguable sçut tous surmonter. Non content de s'être mis l'un des premiers sur mes listes de souscription, il s'empressa encore de donner à ma demande une *Matinée musicale* au profit de ma souscription, en sacrifiant à cet effet dix jours entiers qu'il dérobait à ses nombreux élèves. Que les amateurs qui ont daigné concourir à l'exécution de ce concert, reçoivent également ici les témoignages de ma gratitude et de celle du malheureux vieillard ou nom duquel je parle: des applaudissemens unanimes et prolongés leur

[1]) Déjà en 1825 la loge des Cœurs fidèles à Strasbourg avait ouvert une souscription en faveur des Grecs, qui, réunie aux fonds qu'elle donna sur sa propre caisse, s'éleva à une somme de 800 fr., qu'elle adressa au comité grec de Paris. Plus tard, de nombreux dons furent envoyés au même comité par l'entremise de MM. de Türckheim, banquiers en cette ville, Stœber et Grimmer, notaires, Treuttel et Würtz, libraires; enfin, en dernier lieu, et sur l'appel fait par le généreux M. Eynard, MM. Schertz et Bremsinger ouvrirent des souscriptions mensuelles, qui s'élèvent à près de 500 fr. par mois et qui sont régulièrement adressés au comité de Paris.

ont du reste prouvé toute la reconnaissance des personnes présentes à ce concert, pour les généreux et brillants efforts qu'ils ont faits. Enfin, malgré tout ce que M. Berg avait fait pour la cause de l'humanité, il n'en resta pas là, et m'apporta encore une somme de 50 fr. qu'il avait destinée à célébrer une fête avec ses amis; il me pardonnera d'avoir soulevé ici le voile sévère de l'anonyme dont il s'est enveloppé: l'action est trop belle pour rester cachée.

Le produit de la *Mutinée musicale* a été de 609 fr.

Je priai M. Matter, directeur du gymnase protestant, de présenter une liste de souscription aux élèves de cet établissement, et, peu de jours après, il me la renvoya avec 282 fr. 75 c. Tous les professeurs des différentes classes rivalisèrent de zèle, pour engager leurs jennes disciples à consacrer à cette œuvre de charité tout ce dont leurs épargnes leur permettraient de disposer.

M. le professeur Richard, l'un des pasteurs de l'église réformée, voulut bien me permettre de faire imprimer et de publier au profit de ma souscription, un sermon qu'il avait prononcé récemment en faveur des Grecs, et pour droits d'auteur il acheta et paya 80 exemplaires [1]).

Enfin, MM. Chabert et Schwester ont fait jouer à leur café une poule, dont le produit a été de 135 fr., qu'ils m'ont remis sans déduire aucuns frais. Quelques jours plus tard, M. Schützenberger, qui avait gagné la queue d'honneur de cette poule, la fit jouer de nouveau au café du Saumon, et elle me valut encore 40 fr.

1) J'ai encore quelques exemplaires de ce sermon allemand; prix 25 cent. et 35 cent. franc de port.

Je ne finirais pas si je voulais signaler toutes les personnes qui se sont associées avec empressement à cet acte de bienfaisance, et je les prie d'en recevoir mes sincères remercîmens.

Pendant que j'agissais ici, je crus qu'il ne fallait pas perdre un tems précieux pour M. Pétraki. Il avait apporté plusieurs recommandations de Paris pour quelques-unes des premières maisons du Haut-Rhin, je tâchai de lui en procurer de nouvelles pour Colmar et Mülhouse, et il partit pour solliciter dans ces villes quelques sommes, soit pour son entretien particulier, soit pour la délivrance de sa famille. Tout présageait un heureux succès : déjà à Colmar, à Mülhouse et à Bâle plusieurs personnes charitables se disposaient avec le zèle le plus louable à ouvrir des souscriptions générales, lorsqu'un incident fatal vint arrêter ce généreux élan.

M. Pétraki ne sachant que le grec, et quelque peu de mots français, était accompagné, ainsi que je l'ai dit, d'un jeune homme nommé Paul Missir, qui lui servait d'interprête. A l'hôtel des *Deux Clefs* à Colmar, où ils avaient été reçus avec la plus généreuse hospitalité, M. Pétraki eut une querelle assez vive avec son interprête, au sujet de papiers qu'il croyait que ce dernier lui avait dérobés. D'un autre côté, Missir qui s'était attaché à M. Pétraki, moins par charité et par dévouement, que par spéculation, voyant que ce vieillard collectait réellement pour sa famille et se bornait au strict nécessaire, et qu'ainsi lui, Missir, ne ferait pas de profits particuliers sur les souscriptions, saisit avec empressement cette occasion pour se séparer de M. Pétraki; et, pour justifier son abandon, il se permit les calomnies les plus infâmes contre ce malheureux vieillard, qui, ne pouvant s'expliquer, dut subir condamnation aux yeux d'un grand nombre de personnes; de manière que le public, si souvent le jouet des imposteurs, crut encore voir en lui un de ces aventuriers si fréquens de nos jours. Missir, dans sa colère, écrivit même à Mülhouse et à Bâle, et répandit ainsi ses mensonges et ses calomnies partout où il espérait nuire à sa malheureuse victime; il osa même m'adresser la lettre suivante :

» Monsieur,

» Je viens vous participer l'importante nouvelle, que j'ai » appris des choses pour ce qui regarde Hadgi Pétraki, » que la prudence veut que je vous en fasse part voca- » blement, pour que vous sachiez vous en tenir, pour la » somme que vous lui avez recueilli.

» Gardez-vous de lui remettre la moindre des choses, » et je pars pour chez vous à midi, alors vous saurez » tout. . . . . .

» Je vous salue cordialement. [1].

Colmar, le 6 avril.

Paul Missir. «

Ici je dois interrompre un instant le récit des faits pour parler d'une lettre que j'avais reçue de Paris, au sujet de MM. Pétraki et Missir, en réponse à des renseignemens que j'avais demandés sur leur compte

[1]) Je crois devoir faire remarquer que je n'ai rien changé au style de cette lettre, ainsi que des suivantes, et que je les reproduis telles qu'elles ont été écrites.

à l'une des personnes qui me les avait adressés; on remarque dans cette lettre les passages suivans, qui, dans la situation actuelle des affaires, étaient bien importans; un hazard heureux a voulu que cette lettre me parvînt tout juste la veille du jour où je fus instruit de ce qui se passait à Colmar. Voici ces passages :

» . . . . . Hadgi Pétraki m'a été recommandé par » M. Milonas, ancien consul russe dans une des îles de » l'Archipel grec, comme un homme qui a toujours » exercé l'hospitalité la plus étendue envers tous les » Européens qui ont abordé à Chypre du tems qu'il y » était. Ce fait, attesté par plusieurs consuls, ajouté à » ses malheurs, m'a suffi pour le couvrir de tout mon » intérêt et pour solliciter la bienfaisance. En consé» quence, j'ai demandé des lettres de recommandation » à mes amis, et je suis parvenu à faire ouvrir une » souscription dans les loges en sa faveur. Comme vous, » nous avons pensé d'en employer le produit au rachat » d'un de ses enfans. Nous comptons nous servir, pour » cet effet, des bons services de notre consul à Chypre » et de l'influence du ministre des affaires étrangères. » Nous pourrions joindre nos moyens, et faire d'une » pierre deux coups, si vous n'y voyez pas d'inconvé» niens nous nous en entendrons. . . . .

» Quant à M. Missir, je ne le connais que comme in» terprête de M. Pétraki; c'est lui qui me l'a présenté; » à l'en croire il s'est trouvé à la fatale catastrophe de » Missolonghi; à en croire d'autres, il serait le fils d'un » négociant de Smyrne qui l'aurait envoyé à Trieste » avec 60,000 fr. pour s'y établir, qu'il s'y serait établi

» en effet, qu'il y aurait dissipé son argent et de plus, » qu'il aurait amené à Constantinople, sous prétexte de » commerce, mais en réalité pour le vendre aux Turcs, » le frère d'une jeune personne qu'il voulait épouser. » D'après ces mêmes personnes, M. Missir serait un » mauvais sujet dont il faudrait se méfier et pour lequel » il ne faudrait rien faire. . . . »

J'avoue que je fus aussi surpris que peiné en apprenant la scène désagréable de Colmar; cependant j'envoyai aussitôt à l'hôtel où M. Pétraki et Missir avaient logé ici, et où ils avaient laissé deux malles remplies d'effets, et je fis prévenir de ne donner ces malles à aucun d'eux s'ils venaient les réclamer, craignant que Missir n'eût devancé de quelques heures M. Pétraki et ne voulût s'en emparer. En effet, Missir était déjà revenu de Colmar, mais n'avait pas encore osé se présenter chez moi; enfin le lendemain matin, à huit heures, M. Pétraki arriva aussi et vint me voir sur le champ, pour me compter ce qui s'était passé. Malheureusement nous eûmes de la peine à nous entendre, et ce n'est que par des lettres de Colmar, que j'appris le même jour tous les détails de cette scène. Cependant je le fis rester chez moi, j'envoyai à l'hôtel où était Missir pour faire prendre les malles et je lui fis dire de venir en même tems chez moi. Ces malles arrivèrent bientôt; Missir les accompagnait, je dis à M. Pétraki; qui avait les clés, des les ouvrir et à chacun de prendre ce qui lui appartenait. En fouillant, on retrouva les papiers qui avaient donné lieu à la querelle. Missir prétendit qu'ils avaient toujours été dans cette malle, M. Pétraki dit au contraire, qu'il se rappelait très-bien les avoir emportés à Colmar, que là Missir se les appropria, mais que craignant les suites de son infidélité, il les remit dans la malle en arrivant à Strasbourg. Quoiqu'il en soit, chacun ayant pris ses effets, j'invitai Missir à me dire quelles étaient les découvertes importantes qu'il avait faites sur le compte de M. Pétraki. Ils me répondit tout ce qu'il avait déjà dit et écrit à Colmar; que M. Pétraki n'était pas ce qu'il disait, que loin d'être un riche propriétaire de l'île de Chypre, il n'avait toujours été qu'un mince particulier, que l'esclavage de sa famille n'était qu'une fable inventée pour appitoyer sur son sort les gens crédules, que les certificats de MM. de Marcellus et de Pouqueville avaient été arrachés à ces Messieurs par l'importunité, etc., etc. Il ajouta qu'il avait eu connaissance de tous ces détails par des lettres qu'il avait reçues dans le Haut-Rhin; je le sommai de me montrer ces lettres, il me répondit qu'il ne le pouvait..... Poussé dans ses derniers retranchemens, il avoua alors qu'il n'avait reçu aucune lettre, mais qu'il connaissait déjà tous ces détails avant son arrivée à Strasbourg. Alors je lui représentai que si en effet il avait eu connaissance du mensonge de M. Pétraki avant que de venir à Strasbourg, il s'était rendu complice de son imposture en lui servant d'interprête et en débitant en son nom toutes les fables, tous les mensonges dont il faisait aujourdhui un reproche à M. Pétraki, et qu'ainsi il méritait tout aussi peu de confiance que ce dernier; je lui communiquai ensuite les renseignemens que j'avais reçus de Paris sur son compte; il témoigna beaucoup de colère et d'étonnement, et me quitta quelques instans après. Peu de momens s'étaient écoulés depuis cette entrevue, lorsque Missir revint chez moi et me somma de lui délivrer une certaine part de l'argent que j'avais recueilli. D'abord je lui fis observer que je ne le pouvais; que cet argent n'était ni pour lui, ni pour M. Pétraki, mais uniquement pour la délivrance du jeune *Christodhulis*, que tels étaient les engagemens que j'avais pris envers les souscripteurs et qu'il ne m'appartenait pas de les changer; mais que si même je pouvais en disposer, il n'en aurait certainement rien, car, d'après tout ce que je savais sur son compte, il me paraissait indigne de la moindre pitié; il s'emporta à ces paroles, me dit qu'il porterait plainte devant la justice et qu'il saurait bien me forcer à lui délivrer une part de cet argent. Indigné d'une pareille conduite, je l'engageai à sortir aussitôt de chez moi et je le prévins que j'avais appelé sur lui l'attention de l'autorité [1], qui peut-être lui demanderait compte de sa conduite.

Ce fut environ une heure après ce dernier entretien, qui avait été assez vif, que je reçus de Missir la lettre suivante, que je rapporte textuellement :

Monsieur,

» Je vous prie de m'excuser de la liberté que je prends » à vous adresser la présente, quoique le but ne soye

[1]) J'avais en effet eu, à cet égard, une entrevue avec M. le Préfet.

»que pour vous manifester, Monsieur, que je n'ai au-»cune prétention sur les deux mille francs que vous »avez eu la bonté de collecter *pour la famille* de »M. Pétraki, par conséquent votre incomparable bonté »saura *compatir l'homme qui dans sa colère sort hors »des limites.* Quant aux informations *infâmes !* et per-»fides ! que M***, sur le rapport d'un Grec (mon en-»nemi) vous a données, je lui ai écrit depuis hier pour »lui demander une justification, et si j'étais tel qu'il »me dépeint, pourquoi m'a-t-il confié des choses de »la plus haute importance, que si je veux en men-»tionner *il ne restera pas sauf et sain* 24 *heures dans »Paris* . . . . .

»Je vous dirai cependant que c'est plus que réel les »60,000 francs qu'il dit que j'ai consumés à mon père; »mais sur cela il s'est trompé aussi, parce que au lieu »de 60,000 malheureusement c'étaient 300,000, mais, »grâce à Dieu, je n'ai à en rendre compte qu'à mon »père seul. Quant au reste je ne daigne pas même en »faire mention, car les pièces du *Roi de Sardaigne,* »dont je suis munies, me justifient assez . . . . .

»Ainsi je viens vous supplier au nom de Dieu et de »l'humanité, de ne pas, par rapport à moi, priver cette »malheureuse famille de ces deux mille francs, parce »qu'avec les secours qu'ils a recueillis certainement que »sous peu il pourra se rendre à Venise pour délivrer »sa famille, et la faire parvenir en cette ville . . . . .

»Contentez, adorable Monsieur, ce misérable père »de famille qui se trouve en Europe privé de toute »aisance, seul, âgé et abandonné ! ! !

»Il ne me reste qu'à baiser votre main et me dire »avec la plus grande dévotion,

Monsieur,

Votre éternel serviteur,

Paul Missir.»

Strasbourg, le 9 avril 1827.

»*P. S.* Encore de plus, ne cessez pas, Monsieur, »vos louables démarches envers les amis de Mülhouse, »Bâle et Colmar; je vous en supplie avec les larmes.»

A peine avais-je terminé la lecture de cette lettre, que Missir entra chez moi, pour venir ajouter une rétractation complette de tout ce qu'il avait dit et écrit contre M. Pétraki, s'excusant sur la colère et l'indignation qu'avait excité en lui l'injuste soupçon de M. Pétraki. Ce Missir, si fier, si hautain, quelques instans auparavant, était devant moi doux et humble, sollicitant son pardon. J'avoue que j'ai eu besoin de tout mon sang-froid et qu'il ma fallu considérer combien il était important de laver M. Pétraki des odieuses calomnies dont il était victime, pour écouter Missir jusqu'au bout. Cependant l'intérêt de cet infortuné vieillard l'emporta, je sçus me vaincre, et, profitant de ce premier moment du repentir de Missir, je fis appeler M. Pétraki. A sa vue il renouvela ses supplications et ses excuses et je tâchai de les reconcilier: un interprête était trop nécessaire à M. Pétraki et ceux qui parlent le grec moderne sont trop rares, pour que je négligeasse ce moyen de le servir: enfin après bien des pourparlers et des reproches, la paix fut faite. Je leur représentai alors quel tort cette discussion avait fait à la cause de la famille de M. Pétraki, et quelle peine j'aurais à détruire la fâcheuse impression qu'elle avait naturellement laissé dans le public. J'engageai M. Pétraki, qui voulait partir pour Francfort et plusieurs autres villes d'Allemagne, à ne recevoir aucune des sommes qu'on recueillerait pour sa famille, mais à les faire déposer chez quelque banquier ou me les adresser pour les joindre à celles que j'avais déjà : je croyais indiquer ainsi le seul moyen possible de faire renaître la confiance du public, privé comme je l'étais de preuves qu'il aurait fallu faire venir de très-loin et que l'on ne pourrait se procurer que tardivement. Ils me promirent tout [1] et partirent quelque tems après pour leurs voyages en Allemagne.

Arrivé à Leipsic, Missir éleva de nouveau des prétentions sur les fonds qui s'y recueillaient pour la famille de M. Pétraki; mais cette fois, M. Pétraki, fatigué de la conduite de Missir, le congédia pour ne plus le revoir; alors cet homme ne connaissant plus de bornes à sa fureur et à sa vengeance, renouvela les calomnies qu'il avait formellement rétractées chez moi. Il écrivit de nouveau à toutes les personnes qui s'intéressaient à ce vieillard, et jeta dans leurs esprits le doute et la méfiance. Force fut à M. Pétraki de revenir sur ses pas. A Francfort, où il ne put se faire comprendre, pour se justifier, on convint de gar-

1) J'ai lieu de croire que M. Pétraki m'a tenu parole, car une assez forte somme, qui a été recueillie pour lui, est encore déposée en ce moment chez M. Grunélius, banquier à Francfort.

der l'argent rentré jusqu'à ce qu'on eût reçu des renseignemens positifs.

Tant de malheurs, de chagrins et de contre-tems devaient agir fortement sur ce malheureux vieillard, qui fut atteint à Francfort d'une fièvre violente; sans ressources, ne connaissant personne dans cette grande ville, qui pût lui prêter une main secourable, il prit le parti de revenir en toute hâte à Strasbourg.

Je le reçus aussi bien que possible; je demandai à quelques-uns des souscripteurs l'autorisation de disposer d'une légère somme en faveur du père des enfans qu'on se proposait de soulager; je louai une chambre, je lui procurai une pension; j'appelai un médecin de mes amis qui voulut bien le traiter gratis, j'obtins de la loge des Cœurs-Fidèles qu'elle payerait les médicamens, et, après une fièvre qui dura dix-huit jours, M. Pétraki se trouva assez bien rétabli.

Sur ces entrefaites j'avais écrit à M. Altaras, négociant à Marseille, qui le premier s'était intéressé à M. Pétraki lorsqu'en 1821 il vint se réfugier en France. Il me répondit sous la date du 21 juin 1827, qu'il ne pouvait me donner de grands détails sur M. Pétraki, mais qu'il pouvait m'assurer qu'il lui avait été recommandé par ses amis de Chypre, après les désastres survenus dans cette île; qu'il lui fut désigné comme l'un des principaux habitans de cette île, et qu'il s'intéressa à lui comme il le fait pour d'autres malheureux qui lui sont assez souvent adressés par ses amis de Chypre.

Peu de jours après cette lettre, j'en reçus une seconde de M. Altaras, conçue ainsi :

Marseille, le 29 juin 1827.

MONSIEUR,

» Nous vous confirmons notre lettre du 21, et croyons » vous obliger, ainsi que M. Pétraki, en vous remettant » ci-joint deux lettres à l'adresse de ce dernier, venues » de Chypre par un navire arrivé récemment. »

Nous vous saluons,

Pour d'J. ALTARAS et Comp.,
E. ALTARAS.

Dès qu'on m'eut remis cette missive de la poste, je fis appeler M. Pétraki, et je lui remis aussitôt les lettres qui lui étaient adressées; à la vue de ces lettres il tressaillit de joie, mais, pendant qu'il les lisait, des larmes coulaient de ses yeux avec abondance. Je m'informai du sujet de sa tristesse, et il me fit comprendre que l'une des lettres était de sa femme; l'autre de l'une de ses jeunes filles, qu'elles lui annonçaient la mort successive de sept de ses enfans et de son gendre, qui était interprête du Consul anglais !

Tout en respectant la juste douleur de ce père infortuné, je fus cependant comblé de joie en apprenant que ses deux fils étaient sauvés et qu'ils étaient chez le Consul anglais qui les tenait à la disposition du père. Ces détails confirmèrent du reste mon opinion que ce qu'a toujours dit M. Pétraki est vrai.

Un savant grec se trouvait par bonheur depuis quelques jours dans nos murs, je m'adressai à lui pour le prier de me traduire les deux lettres que venait de recevoir M. Pétraki; il s'y prêta avec beaucoup de complaisance, et voici un extrait de l'une de ces lettres, celle de la femme de M. Pétraki, l'autre, qui est de l'une de ses filles, ne contient que des détails de famille, inutiles à publier.

Extrait d'une lettre que M. Hadgi Pétraki Cythérios a reçue de son épouse, en date du 28 avril 1827 (v. st.), de la forteresse de Leukosie, en Chypre.

Seigneur et cher époux,

» Je m'empresse de répondre à la lettre que vous
» m'avez fait le plaisir de m'écrire, en date du
» 8 mars, et qui ne m'a été remise que le 20 du cou-
» rant (v. st.)....... Vos deux fils se trouvent en
» bonne santé et sous la protection immédiate du Con-
» sul anglais, qui m'a promis de les garder au palais
» consulaire jusqu'à ce que vous puissiez les faire venir
» auprès de vous en Europe, pour soigner leur éduca-
» cation. Quant aux autres, à l'exception des trois
» filles, ils sont tous morts!!!... M. le Consul anglais
» est venu me voir; il prend un vif intérêt au sort de
» vos fils. Tâchez donc, mon cher époux, de nous faire
» parvenir le plutôt possible vos intentions à cet égard,
» afin de prévenir les malheurs qui pourraient résulter
» de tout retard, et de conserver à notre infortunée
» famille le seul bien qui lui reste encore!......

Signé Marie, »

Traduite par moi, ce 5 juillet 1827, à Strasbourg.

G. A. Mano,
fils du grand-logothète du sacré
Synode de l'Orient.

Il est constant d'après ces nouvelles que le jeune *Christodhulis* et son frère sont libres, qu'ainsi l'argent que j'avais destiné à sa délivrance peut rester ici et servir à ses frais de voyage pour venir de l'île de Chypre. Mais M. Pétraki me supplia avec tant d'instance de ne pas séparer les deux frères, que je ne pus lui résister et d'autant plus que j'ai l'espoir que des personnes charitables de plusieurs villes voisines de la nôtre, pourvoiront aux besoins de ce second enfant. J'écrivis à la Société de la morale chrétienne de Marseille, qui me répondit par l'entremise de son président. Je copie de cette lettre le passage suivant, qui fera connaître le montant des dépenses que nécessitent les frais de voyage des deux jeunes Grecs.

„Si vous désirez faire venir ces enfans en France, „la commission est disposée à suivre vos intentions. „Voici à-peu-près ce qu'il en coûtera: 400 fr. de „passage et de nourriture pour tous les deux jusqu'à „Marseille; dépense de lazaret, 200 fr.; pour la voi-„ture et la nourriture de Marseille à Strasbourg, qui „variera selon vos instructions, mais qu'on ne peut „guère calculer à moins de 300 fr., on prévoit aussi, „par expérience, qu'il faudra habiller ces enfans et „les garder quelques jours à Marseille. Au total, vous „pourrez avoir ces enfans, rendus à Strasbourg, pour „1200 fr. environ, tout compris.

„Les bâtimens pour le Levant, depuis la guerre avec „Alger, ne partent qu'à la fin de chaque mois, avec „escorte. Vous avez donc encore le tems de répondre „à la présente pour nous donner un ordre positif. Si

„cet ordre arrive, la société fera toutes les avances et „vous payerez sur une facture en règle et en une lettre „de change, qui sera fournie sur vous. Votre commis-„sion n'éprouvera d'autre retard, que celui qui découle „nécessairement de la distance et des chances de la „navigation. Nous avons des correspondans en Chypre „qui ont toute notre confiance, et dont nous avons „éprouvé le zèle plus d'une fois.»

C'est donc 1200 fr. qu'il me faudra pour faire face aux dépenses du voyage des deux jeunes gens. Or, on verra par le résultat des listes de souscription dont le relevé se trouve plus loin, que j'ai 2000 fr. en dépôt chez un banquier de cette ville, et qu'ainsi en déduisant les frais de voyage, il me restera encore 800 fr., plus les 210 fr. de dons annuels que j'ai déjà obtenus et qui, je l'espère, augmenteront encore.

Quant à M. Pétraki, il fut convenu qu'il resterait à Strasbourg jusqu'à l'arrivée de ses fils et que si plus tard la souscription le permettait, il séjournerait encore quelques tems avec eux, pour leur servir de guide dans les premiers pas qu'ils feront dans un monde entièrement nouveau pour eux.

* * *

Tel est l'exposé des faits relatifs à mes relations avec M. Pétraki. Ils justifieront, j'ose l'espérer, le vif intérêt que m'ont inspiré les infortunes de ce respectable vieillard et de sa nombreuse famille. Ils suffiront, je n'en doute pas, pour détruire les fâcheuses impressions que les calomnies de Missir auraient pu faire naître, et pour augmenter, s'il est possible, les dispositions bienfaisantes de mes compatriotes envers les deux jeunes enfans que la philanthropie française a adoptés.

Les Alsaciens ne se démentiront pas dans cette circonstance, et, à l'exemple de plusieurs provinces de la France, de l'Angleterre, de l'Allemagne et de la Suisse, ils voudront que de jeunes Grecs élevés sous leurs yeux et par leurs secours généreux, puissent faire éclater un jour, sur le sol de cette belle Grèce, berceau de la civilisation, les accens de leur reconnaissance envers leurs protecteurs de l'Alsace.

Les personnes qui voudront contribuer à cet acte de bienfaisance, pourront m'adresser (place St Thomas n° 3) leurs offrandes soit en un don une fois payé, soit en un don annuel, qui serait payable à dater du jour de l'arrivée des jeunes Grecs à Strasbourg.

*

PIÈCES JUSTIFICATIVES.

N° 1.

Je soussigné certifié, que Tschélébi Hadgi Pétraki, ancien chef du district de Cythérée dans l'île de Chypres, a exercé la plus noble hospitalité envers les voyageurs français et anglais; qu'il a été dépouillé de tous ses biens et de son immense fortune, dans les troubles et la révolution de 1821; et que, par sa conduite comme par son caractère, il me paraît digne do tout intérêt. Il est père de douze enfans, aussi malheureux que lui.

Le Chargé d'affaires de France,

(L. S.) Le v[te] DE MARCELLUS.

Portland-Place 50, le 6 juin 1823.

Le Ministre des affaires étrangères certifie véritable la signature ci-dessus de M. le v[te] de Marcellus.

Paris, le 31 janvier 1827.

(L. S.) Par autorisation du Ministre,
Le Chef du bureau des légalisations,
DE LAMARRE.

Vu à la légation de Bavière, pour légalisation de la signature de M. de Lamarre, apposée ci-dessus.

Paris, le 21 février 1827.

(L. S.) DE SCHŒPFF.

L'ambassadeur d'Autriche près la Cour de France certifie véritable la légalisation ci-dessus du ministère des affaires étrangères.

Paris, le 21 février 1827.

(L. S.) Par Son Excellence,
Le baron DE MONSHENGEN.

Vu pour légalisation de la signature apposée ci-dessus de M. de Lamarre, chef du bureau des légalisations au ministère des affaires étrangères de France.

Paris, le 22 février 1827.

Le ministre de Prusse près la Cour de France,

(L. S.) WESTHEN.

Vu pour légalisation de la signature apposée ci-dessus de M. de Lamarre, à l'ambassade de S. M. Britannique.

Paris, le 23 février 1827.

(L. S.) MANDEVILLE.

L'ambassadeur impérial de Russie certifie véritable la signature ci-dessus de M. de Lamarre.

Paris, le $\frac{12}{24}$ février 1827.

(L. S.) Par l'ambassadeur,

LABENSXY, secrétaire de l'ambassade.

Vu par le ministre résidant des villes libres d'Allemagne près la Cour de France, pour légalisation de la signature apposée de l'autre part de M. de Lamarre, chef du bureau au département des affaires étrangères.

Paris, le 6 mars 1827.

(L. S.) V. RUMPFF.

N° 2. [1)]

Nous, Antoine Caprara, consul de S. M. impériale et royale d'Autriche à l'île de Chypre et sa dépendance,

Déclarons et attestons que M. Hadgi Pétraki, personnage d'un rang élevé de Cythérée, a toujours été connu pour

1) L'original de ce certificat est en italien. Je l'ai traduit littéralement.

un homme de bien et honnête; sa conduite régulière, son éloignement des affaires du gouvernement local, l'ont toujours mis à l'abri de tout reproche, et n'ayant, en outre, jamais manqué de fidélité envers son souverain, il a été injustement persécuté et dépouillé de sa fortune immense, par le gouverneur Coccink Méhémet, et obligé de prendre la fuite pour se soustraire au terrible massacre qui a été fait des principaux habitans de cette île, et qu'il a été de cette manière réduit, comme tant d'autres infortunés, à l'état le plus malheureux avec sa nombreuse famille; ce que nous attestons être de notre parfaite connaissance. En foi de quoi nous lui délivrons le présent certificat, pour lui servir partout où il sera besoin.

Donné en notre résidence à Larnaca, en Chypre, le 18 novembre 1825.

(L. S.) ANT. CAPRARA.

L'ambassade d'Autriche près la Cour de France certifie véritable la signature ci-dessus de M. Ant. Caprara, consul de S. M. I. et R. d'A. à l'île de Chypre.

Paris, le 21 février 1827.

(L. S.) Par Son Excellence,
Le baron DE MONSHENGEN.

N° 3.

Aux amis de la religion et de l'humanité.

Je soussigné François-Charles-Hugues-Laurent Pouqueville, ancien consul général de France en Grèce, certifie que Tschélébi Hadgi Pétraki, ancien primat du district de Cythérée dans l'île de Chypre, a exercé dans tous les tems la plus noble hospitalité, à cause de ses grandes richesses et de sa piété, envers tous les étrangers voyageant au Levant; dépouillé de son *immense* fortune, par suite des événemens de 1821, il mérite l'intérêt de tous les chrétiens. M. Pétraki est père de douze enfans, qui sont retenus en esclavage par les Turcs dans l'île de Chypre, et aussi infortunés que leur père.

Paris, le 28 mars 1825.

POUQUEVILLE.

Le Ministre des affaires étrangères certifie véritable la signature ci-dessus de M. Pouqueville.

Paris, le 31 janvier 1827.

(L.S.) Par autorisation du Ministre,
Le Chef du bureau des légalisations,
De LAMARRE.

(Suivent tous les autres *visa* dont est revêtu le certificat de M. le vicomte de Marcellus, pièce justificative N° 1).

LISTE GÉNÉRALE DES SOUSCRIPTEURS.

I. DONS POUR LE RACHAT.

PREMIÈRE LISTE,

DÉPOSÉE AU CERCLE LITTÉRAIRE.

	fr.		fr.
Bœckel, aîné	3	Marquaire	5
Strobel	5	Sig. Steinheil	5
Xavier Saglio	5	H.	3
F. Berger	5	Le général Barbier	5
Burckhardt	3	O.	2
Hepp	5	Rssn.	2
Jung	5	Sp.	4
Willm	5	Schraag	5
J. Hickel	5	Friedel, cadet	5
Anonyme	5	S. Gerhardt	5
Fischbach	5	V^or Lobstein	5
Carl	10	Le général Fririon	5
Leib	5	F^d Lamey	5
J. P. W.	3	Schœttel	5
J. D. Baur	3	Rth.	5
Spach	3	Rr.	5
Doss, huissier	5	Rotberg	5
Maud'heux, avocat	5	J. J. Rieder	5
Stuber	5	TOTAL	171

DEUXIÈME LISTE,

DÉPOSÉE AU CERCLE DU COMMERCE.

	fr.		fr.
Dupain	5	Anonyme	10
Worms de Romilly	20	Belard	5

	fr.		fr.
Holtzapfel, père	20	Le général Schæffer	20
Perseguers	10	Bedel	5
Bilange	5	Gravelotte	5
Anonyme	5	Striffler, aîné	5
Wenger	10	Sengenwald	10
Sauvage	10	Maud'heux, père	5
Anonyme	5	Behagel	5
Id.	5	F. Dillemann	5
Ohlmann	5	F. Jos. Wagner	10
Heywood	15	L. D. Ehrmann	5
Joly	5	Debenesse	5
Maizey	5	Florent Saglio	20
De Mahé	15	Anonyme	5
Anonyme	10	Id.	10
L. Schertz	5	Guitton	5
Heim	5	Anonyme	5
L. Ratisbonne	10	Un juré de la session ordinaire (mars 1827)	5
Stouhlen	5		
Klose	20	TOTAL	340

TROISIÈME LISTE,

CONFIÉE A M. H***.

Néant.

QUATRIÈME LISTE,

CONFIÉE A M. M***.

	fr.		fr.
Arthur Morin	5	Anonyme	5
Brackenhoffer	10	TOTAL	20

CINQUIÈME LISTE,

DÉPOSÉE AU CASINO MAÇONNIQUE.

	fr.		fr.
Fargès-Méricourt	2	Lippmann	5
Nicollet	3	Maresquelle	2

	fr.		fr.
Vennin	5	Ch. Kammerer, fils	2
Texte, aîné	3	Anonyme	2
Dupac de Marsollier	2	*Id.*	1
Schauffler	1	*Id.*	2
Dunand	3	*Id.*	2
Schmitt	3	J. J. Lauth	2
Frohnhæusser	1	Schæffer	2
Maurel	2	Texte, jeune	2
Gogumus	1	Bonfaut	3
Dutilleul, fils	1	Schuler	2
Monnet	1	André Friederich	2
Fréd. Grimmer	5	TOTAL	62

SIXIÈME LISTE,

DÉPOSÉE AU CAFÉ CHABERT.

	fr.	c.		fr.	c.
Anonyme	2	50	Un Turc, ami des Grecs	2	
Un ami des Grecs	2	50	Anonyme	1	
Anonyme, voyageur de commerce	2	50	*Id.*	2	50
Un soldat, qui n'a rien de commun avec les Grecs	3		Ancelon Caboul de Saleaux	5	
Un ami de la justice	5		Durand, sergent	2	
Un constitutionnel de Marseille, voyageur de commerce	2		Mr Nisot	1	
			Un pauvre diable, ultra philhellène	2	
			TOTAL	33	

SEPTIÈME LISTE,

CONFIÉE A M. B***.

	fr.		fr.
P.	10	Aubry	3
Rau	2	P. Ph. Keller	10
Stœber	2	Schneider	2

	fr.		fr.
Dollinger	2	Mayer	3
Anonyme	10		
Id.	3	Total	47

HUITIÈME LISTE,

CONFIÉE A M. N***.

Néant.

NEUVIÈME LISTE,

DÉPOSÉE AU BUREAU DU COURRIER DU BAS-RHIN.

	fr.	c.		fr.	c.
Guthmann	5		Hasenauer	10	
Keller	6		Goupil	2	
Storck	3		Anonyme	2	
Pfenninger	3		Schott	10	
Pougnet	15		Keller, pasteur	5	
Vœlmy	1		Riff, pasteur, pour la commune protestante de la Robertsau	80	
Berg	5		Anonyme	5	
Klimrath, étudiant en droit	3				
Kreiss, Adolphe	5				
Une domestique	1	50	Total	161	50

DIXIÈME LISTE,

CONFIÉE A M. MATTER, DIRECTEUR DU GYMNASE.

	fr.		fr.	c.
Matter	10	Bœgner	2	
Lamp	5	Goguel	2	
Aufschlager	5	Willm	5	
Himly	10	Lachenmeyer	5	
Brunner	10	Schweighæuser	3	
Engelhardt	5			

Élèves de rhétorique.

Bergmann	1	Bœckel	2	
Hoffmann	1	Schuler	1	50
Weissert	1	Schweppenhæuser	1	

	fr.	c.		fr.	c.
Baum	1	50	Schuré	2	
Cunitz	1	50	Klauhold	2	

Élèves de la seconde.

	fr.	c.		fr.	c.
Trawitz	2		Ihlé	1	
Imlin	2		Reuss	1	
Krieger	1		Gambs	1	
Bœswillwald	1		Wüst	1	
Kampmann	1		Strohl	1	
Fridolsheim	1				

Élèves de la troisième.

	fr.	c.		fr.	c.
Debs	2		Ehrhardt	1	
Küss	2		Fleischhauer	1	
Jæglé	1		Heck		50
Ungerer	1	50	Edouard Wüst	1	
Samuel		50	Edel	1	50
Knoderer	1	50	Wild		50
Magnus		50	Gustave Graf	1	
Helmstetter		50	Broistedt	1	
Lung		50	Diehl		50
Braunwald		50	Müller	2	
Ortlieb	1		Eichborn		50
René Moriceau	2		Eckel	1	
Joseph Moriceau	2		Stuber	1	50
Lobstein	1				

Élèves de la quatrième.

	fr.	c.		fr.	c.
Louis Weissgerber	1		Adolphe Weissgerber	1	
Streissguth		50	Philippe Hatt	2	
Apfel		50	Laib	1	
Gontzenbach	1		Gruber	1	
Kampmann		75	Guill.-Aug. Baer		50
Wiedemann	2		Hiller		75
Schwebel	1		Gœtz	1	
Eude	5		Steinmetz		50
Edgard Edel		50	Windesheim		50
Wolf		50	Minal		50

	fr.	c.		fr.	c.
Friedel		50	Winter		50
Kirschleger	1		Fréderic Knoderer	1	50
Phil.-George Lauth		75	Polty	1	
Blatt	1		Jæger	1	
Schœllhammer		50	Kolb		75
Arnold Kunzli	2		François		50
Edouard Graf		50	Lauth	1	50
Emile Bœswillwald	1		Joss		50
Eugène Oppermann	1	50			

Élèves de la cinquième.

	fr.	c.		fr.	c.
Lauth, *b*		75	Hartschmidt		75
Clausing, *b*	1		Quatre élèves	2	
Clausing, *a*	1		Trawitz	2	
Oppermann		50	Belley	1	
Gruber		50	Brockmann	1	
Seux		50	Seltz	1	
Gerock	1		Rogissé	1	
Grucker	1		Wilké	1	
Maské	1		Scheffer	1	
Büchsenschütz	1		Schwartz	3	
Lauth, *a*	1	50	Lix	1	
Klipfel		75	Weissé	1	
Ehrhard	1		Keller	2	
Lung, *a*		50	Christmann	1	
Theurkauf	1		Freis	1	
Heinhold		50	Bucherer		75
Schleifer		50	Fischbacher	1	
Kuntzlé	1				

Élèves de la sixième.

	fr.	c.		fr.	c.
Robin	1	20	Dietsch	1	
Kob	1		Scherf		50
Hatt	1		Wolf		30

	fr.	c.		fr.	c.
Lefèvre	1		Vogt		50
Michel	1		Ehrhardt	1	
Charles Fritsch		50	Strohl	1	
Bastian		50	Nussbaum		50
Jonathan Fritsch		50	Engel		20
Füllhardt	1		Müller		50
Weber	1		Emerich		50
Albert Perrin		50	Fréd. Heydel	1	
Jules Hasenclever		50	Pick	1	
Alexandre Hasenclever	1		Borrer		50
Henri Perrin		50	Benjamin Heydel		50
Eichhorn		50	Lindner	1	
Zisig	1		Ott		50
Polti	1		Kopp	1	
Wüst	1		Amann		50
Mühl	1				

Élèves de la septième.

	fr.	c.		fr.	c.
Frœreisen		30	Merckel	1	
Stupffel	1		Doldé	1	50
Jules Hecht	1		Herrenschmidt	2	
Jœranson	1		Pick	1	
Brüstlein	1		Kiehl		50
Fischer		20	Magnus	1	
Arlen	1		Baer		80
Fleischhauer	1		Silberzahn		50
Hornus	1		Knoderer, *a*	1	
Stæhling		75	Ott		50
Buob	1		Heydel		50
Wurtz	1		Knoderer, *b*	1	
Fourquier		50	Riss		75
Arnold	1		Müller	1	
Dahm		75	Hatt		75
Debs	1		Hœllbeck		25

Élèves de la huitième.

	fr.	c.		fr.	c.
Massenet (de ses épargnes)	23		Friedel		50
Himly	1		Steiner	1	
Masské	1		Schott	2	
Brandhoffer	1		Schneegans, *a*	1	
Charles Schneegans	1	50	Bayer		50
Ziegenhagen	1		Reinhardt	1	
			TOTAL	282	75

ONZIÈME LISTE,

CONFIÉE A M^r M***, FILS.

	fr.	c.		fr.	c.
Moirant, négociant	10		Hugo	1	
Jules Moirant, fils	5		De Crévoisier	2	
Le général Asselin	10		Brissé	1	
Achard	10		Martin	1	
Gilbert	3		Moby	2	
Reinhart	5		Hardy	1	
Héré	3		De L'escale	1	50
Anonyme	5		Caffieri	1	50
Vivien Williams	1		Anonyme	1	50
Pasquet	3		Parmentier	3	
J. P. Finck	5		TOTAL	75	50

DOUZIÈME LISTE,

CONFIÉE A M^r C***.

	fr.	c.		fr.	c.
Le chevalier de Palis	5		Une inconnue	2	
Une Dame de cette ville	5		*Id.*	2	
Vacari, capitaine	5		Un inconnu		50
Une inconnue	3		B. Fischer, négociant	3	
Id.	3		TOTAL	28	50

TREIZIÈME LISTE,

CONFIÉE A M^r D***.

Néant.

QUATORZIÈME LISTE,

PRÉSENTÉE PAR G. SILBERMANN.

	fr.	c.
G. Silbermann, au nom de quelques philhellènes	65	
Louis Trawitz	5	
Strohl, père	3	
Bremsinger	2	
Anonyme	20	
Bonneval	7	
Anonyme	7	
Ve Saltzmann	5	
Un ami	10	
Ve Pasquay	20	
Reisseissen	20	
NN.	5	
Chabert, père	5	
Gazza	5	
Bonnard	2	
Reiss	3	25
Filleux d'Arrentier	7	
Anonyme	3	
Hammer, prof.	5	
Ve Pramberger	10	
Geisen	5	
Türckheim	10	
Türckheim, père	10	
G. J. Kob	10	
S.	5	
Haffner	10	
Dahler	5	80
Richard, prof.	10	
Mæder, pasteur	10	
Schweighæuser, fils, prof.	10	
Maybaum	10	
Redslob, prof.	10	
Les élèves de M. Redslob	26	

	fr.	c.
Produit d'une poule jouée au café Chabert	135	
Matinée musicale, donnée par M. Berg	609	
Un philhellène, à la suite de la matinée musicale	50	
Schirmer, négociant à Dorlisheim	100	
Une Dame, par l'entremise de M. Mæder, pasteur	5	
Offrande, déposée à l'église St Thomas	3	
Idem	3	
Offrande, déposée au Temple-neuf	1	50
Un enfant, par l'entremise de M. Bœckel, aîné	1	
Bœckel, pasteur à St Pierre-le-vieux	10	
Deux pensionnaires de M. Bœckel	5	
Produit d'une poule jouée au café du Saumon	40	
Casimir Delavigne	5	
Brack	5	
Produit d'un sermon vendu au profit de la souscription (tous frais déduits)	10	
TOTAL	1323	55

RÉCAPITULATION.

	fr.	c.		fr.	c.
Première liste	171	=	Huitième liste	=	=
Deuxième *id.*	340	=	Neuvième *id.*	161	50
Troisième *id.*	=	=	Dixième *id.*	282	75
Quatrième *id.*	20	=	Onzième *id.*	75	50
Cinquième *id.*	62	=	Douzième *id.*	28	50
Sixième *id.*	33	=	Treizième *id.*	=	=
Septième *id.*	47	=	Quatorzième *id.*	1323	55
			TOTAL GÉNÉRAL . .	2544	80

Sur cette somme j'ai déposé 2000 fr. chez MM. de Türckheim, banquiers en cette ville, qui veulent bien en payer les intérêts au profit de la souscription.

Les autres 544 fr. 80 c. sont restés entre mes mains, et ont servi *en partie* à entretenir M. Pétraki.

II. DONS ANNUELS.

	fr.		fr.
Hepp	10	Maresquelle	5
Willm	10	André Friederich	5
Seib	5	Adolphe Kreiss	5
Maud'heux, avoc.	5	G. Silbermann	20
Berger	10	Dunand	20
Burckhardt	5	Anonyme [1]	20
Schœttel	5	Arthur Morin	5
J. J. Rieder	5	NN. [1]	5
Klose	20	Matter, prof.	10
J. Bedel, prof.	5	Hammer, prof.	5
Gravelotte	10	G. J. Kob	5
D. Ehrmann	5	Ch. de Videlange	15
		TOTAL	215

On voit que cette somme est encore loin de suffire aux frais que nécessiteront l'entretien et l'éducation des deux jeunes gens; c'est donc pour des dons annuels que j'en appelle surtout à la générosité de mes compatriotes.

[1] Les deux anonymes qui sont portés sur cette liste, m'ont donné leur signature, mais ils désirent rester inconnus.

www.ingramcontent.com/pod-product-compliance
Lightning Source LLC
LaVergne TN
LVHW012018160826
845678LV00002B/905